MÁQUINAS GRANDES

TRACTORES GRANDES

De Sebastian Smith
Traducción de Pablo de la Vega

ÍNDICE

Un libro de El Semillero de Crabtree

CRABTREE
Publishing Company
www.crabtreebooks.com

Tractores grandes

Los tractores son
máquinas grandes.

La gente usa los tractores para algunos trabajos.

INTERNATIONAL

Los **granjeros** no podrían cultivar hoy en día sin tractores grandes y poderosos.

motor

Los tractores tienen **motores** grandes.

Rueda de tractor.
Rueda
de automóvil.

Unas ruedas grandes ayudan a los tractores a moverse a través del lodo, la nieve y el agua.

Ruedas grandes y motores grandes ayudan a los tractores a jalar cosas **pesadas**.

Los tractores también pueden jalar cosas muy **anchas**.

Los cargadores son usados también para otro tipo de trabajos. Mueven la nieve en las ciudades.

Los usamos para construir caminos y puentes.

Espejos grandes, para ver detrás.

Asientos suaves, para sentarse y trabajar muchas horas.

Ruedas grandes, para no atascarse en el lodo.

Tubo de escape alto, para poder meterse al agua.

Motor grande y potente, para jalar cargas pesadas.

Luces potentes, para trabajar de noche.

Los tractores son máquinas grandes y fuertes.

Glosario

anchas: Las cosas anchas miden mucho de un lado al otro.

granjeros: Los granjeros son personas que cultivan plantas o crían ganado.

motores: Los motores usan combustible para crear la potencia necesaria para mover una máquina.

pesadas: Las cosas pesadas tienen un peso muy grande.

Índice analítico

Apoyos de la escuela a los hogares para cuidadores y maestros

Este libro ayuda a los niños en su desarrollo al permitirles practicar la lectura. Abajo están algunas preguntas guía para ayudar al lector a fortalecer sus habilidades de comprensión. En rojo hay algunas opciones de respuesta.

Antes de leer:

- **¿De qué pienso que tratará este libro?** *Pienso que este libro es sobre tractores grandes. Pienso que este libro es sobre agricultura.*
- **¿Qué quiero aprender sobre este tema?** *Quiero aprender qué tan rápido puede ir un tractor. Quiero aprender si los tractores pueden ser usados en las ciudades.*

Durante la lectura:

- **Me pregunto por qué...** *Me pregunto por qué los tractores son tan grandes. Me pregunto por qué los tractores tienen luces.*
- **¿Qué he aprendido hasta ahora?** *Aprendí que los tractores pueden mover la nieve. Aprendí que los tractores son usados en la construcción de caminos.*

Después de leer:

- **¿Qué detalles aprendí de este tema?** *Aprendí que los tractores tienen asientos suaves para sentarse y trabajar muchas horas. Aprendí que los tractores tienen ruedas grandes para no atascarse en el lodo.*
- **Lee el libro de nuevo y busca las palabras del vocabulario.** *Veo la palabra **granjeros** en la página 7 y la palabra **motores** en la página 9. Las demás palabras del vocabulario están en la página 23.*

Library and Archives Canada Cataloguing in Publication

Title: Tractores grandes / de Sebastian Smith ; traducción de Pablo de la Vega.
Other titles: Big tractors. Spanish
Names: Smith, Sebastian, 1996- author. | Vega, Pablo de la, translator.
Description: Series statement: Máquinas grandes | Translation of: Big tractors. | Includes index. | "Un libro de el semillero de Crabtree". | Text in Spanish.
Identifiers: Canadiana (print) 20210234687 | Canadiana (ebook) 20210234695 | ISBN 9781039617971 (hardcover) | ISBN 9781039618015 (softcover) | ISBN 9781039618053 (HTML) | ISBN 9781039618091 (EPUB) | ISBN 9781039618138 (read-along ebook)
Subjects: LCSH: Tractors—Juvenile literature.
Classification: LCC TL233.15 .S6518 2022 | DDC j631.3/72—dc23

Library of Congress Cataloging-in-Publication Data

Names: Smith, Sebastian, 1996- author. | Vega, Pablo de la, translator.
Title: Tractores grandes / de Sebastian Smith ; traducción de Pablo de la Vega.
Other titles: Big tractors. Spanish
Description: New York, NY : Crabtree Publishing Company, 2022. | Series: Máquinas grandes : un libro de El semillero de Crabtree | Translation of: Big tractors.
Identifiers: LCCN 2021026061 (print) | LCCN 2021026062 (ebook) | ISBN 9781039617971 (hardcover) | ISBN 9781039618015 (paperback) | ISBN 9781039618053 (ebook) | ISBN 9781039618091 (epub) | ISBN 9781039618138
Subjects: LCSH: Tractors--Juvenile literature.
Classification: LCC TL233.15 .S54618 2022 (print) | LCC TL233.15 (ebook) | DDC 629.225/2--dc23

Crabtree Publishing Company

www.crabtreebooks.com 1–800–387–7650

Published in the United States
Crabtree Publishing
347 Fifth Ave.
Suite 1402-145
New York, NY 10016

Published in Canada
Crabtree Publishing
616 Welland Ave.
St. Catharines, Ontario
L2M 5V6

Written by Sebastian Smith

Translation to Spanish: Pablo de la Vega

Spanish-language layout and proofread: Base Tres

Print coordinator: Katherine Berti

Printed in the U.S.A./092021/CG20210616

Print book version produced jointly with Blue Door Education in 2022

Photo credits: istock.com, shutterstock.com, Cover: photoschmidt - Pg4-5; fotokostic, oticki - Pg6-7; elleon, ClarissaPainter --Pg8-9; Tofotografie, stefannl1 - Pg10-11; lcs813, tntemerson - Pg12-13; Lubo Ivanko, valio84sl - Pg14-15; fotokostic - Pg16.17; Garry518, kordovsky - Pg18-19; Viktorcvetkovic, Shutterstock.com - Pg20-21; fotokost, valio84sl - Pg22-23; kamski